SELV

UFULDENDTE SERENADER

Et Laingsk spaltningsbind

Kim Gørtz

KIM GØRTZ

SELV

UFULDENDTE SERENADER

Et Laingsk spaltningsbind

© 2025

SAGARO REC & PUB

ISBN: 978-87-7145-811-4

Forlag: BoD · Books on Demand, Strandvejen 100, 2900 Hellerup,

bod@bod.dk

Tryk: Libri Plureos GmbH, Friedensallee 273, 22763 Hamborg,

Tyskland

Om livet er værd at leve,

afhænger for mig af,

om der er kærlighed i livet.

Ronald D. Laing

Livets kendsgerninger, s. 11, 1977

En fordrukken sut

Den forpulede, bævende stemme

En dumrian i dunkelhederne; et fantastisk
arrangement, hjerteløs, ufølsom med bedøvende og
plukkende kvaler, med selvfortærende ublu og indre
hjertekvaler.

Medfølende vibrationer, sympatetiske resonanser
og genklange; smuldrende implantationsdrømme,
skælvende sammenkrøbet, snurrende rundt,
levende begravet med uophørlig kvalme.

Fnyset i overfladen, undvigelserne; "en næse der
løber", nøgen i eksistentiel *stase*, på begravelses-
pladsernes kontinuitet, afskåret med hentæret
vandladning, i radikal terapi.

Flået hudfornemmelser, som endnu ufødt liv-giver
og plage-ånd; *tabte horisonter* skrumper indtørret
ind i psyko-biologiske katastrofe-zoner, kværnet,
kværket, knust, udmattet, sammenkrøbet, tygget.

Flået, hakket, underkuet; som et vridende
mandehul, i en forløsnings-terapi med trækninger,
overskærings-steder og nervøst væv, skimtes et
intenst, levende og velkomsthilsende særpræg.

Energiforløsende, frit svævende og omkring-
hvirvlende strejfende fnug; opslugt, nedslået
afbryder-kontakt af frastødende, fugtige spytkirtler,
i en sammenstuvet fest med fnuller.

Hvordan kommer vi i kontakt med vores følelser? …
spørgsmål til spejlet – Hvem er jeg? … at lade alt det
ske, der vil ske, når mennesker giver slip …

Laing, Livets kendsgerninger, s. 12-13, 1977

Hvad sker der som gør at jeg 4 har mistet sin
oplevelsesmæssige kontakt med jeg 3, jeg 2, jeg 1 og
jeg 0?

Laing, Livets kendsgerninger, s. 104, 1977

En hektisk udseende kvinde spurgte: 'Hvis jeg ikke
føler jeg eksisterer, hvorfor skulle jeg så ikke tage
mit eget liv?' – 'Et trivielt spørgsmål', svarede
hendes professor ved det filosofiske institut.

Laing, Livets kendsgerninger, s. 119, 1977

Vi kan lide af få maden serveret elegant foran os. Vi
ønsker ikke at vide noget om dyrefabrikkerne,
slagtehusene, og hvad der foregår i køkkenet. Vores
storbyer er vores egne dyrefabrikker. Familier,
skoler, kirker er vores børns slagtehuse.
Universiteter og andre steder er køkkenerne. Som
voksne i ægteskaber og forretningslivet æder vi
produktet.

Laing, Familiens politik, s. 61, 1970

Indhold

Hvis musikken når frem til os, er der en
øjeblikkelig usynlig vibration gennem hvilken,
vi giver resonans og står i forbindelse med den.

Denne forbindelse af resonans er ikke den
måde, objektive fakta bliver kommunikeret på.

Der er resonans mellem sangeren, sangen, det
sungne og hørte og lytteren.

En melodi giver genlyd og genskaber følelse,
stemning, atmosfære, nuancer i patos som
ingen videnskabelig afhandling kan gengive, for
slet ikke at tale om en videnskabelig metode
kan begynde at studere hen over vidt
forskellige mennesker, kulturer, tider og
steder.

Laing

Oplevelsens stemme, s. 13, 1982

Tykkere end tårer; tumlet

Jamrende og hændervridende involutions-
melankolikere i mental svækkelse, forstoppet,
opsvulmede; vildelsesfantasierne stirrede på
væggen, sultede sig selv – gled væk.

At hvile, stilne, tømme, berolige sindet –
forfærdeligt, organisk retarderet, et biologisk
puf; en intellektuel idioti i sindets ghetto – i
refleksbuens samarbejdsvillighed.

Spjætter, isner, svulmer op i rotteræset;
stavrer og hviner som en charmesvindler i
hjerteløshedens spejlbillede og trolderi, rystet,
omklamret med svigtende virkeligheds-
fornemmelse – en medgørlig sprøjte.

Den lyse og klare aften. Den frit formet og
underholdende kærlighedssang. Som en
forelsket bejler synges disse sange til en elsket
læser: *Selv. Ufuldendte serenader. Et Laingsk
spaltningsbind.*

Det er helt Laingsk!

1. Den akutte frygts kemi; bønfaldende
2. En indre stilheds beroligende medicin
3. Livslinjer der hopper, tripper; snurrer
4. Fantastisk sludder; en splint i eget øje
5. Et flygtigt sideblik; i kold tavshed

Ufuldendte serenader på vej

Sæson 2

Sundhed. *Et Frommsk hjertebind*

Skrift. *Et Barthessk tegnbind*

Tidligere udgivelser i sæson 2

Frigørelse. *Et Marcusesk erosbind*

Singularitet. *Et Reckwitzsk illusionsbind*

Sker. *Et Kirkebysk begivenhedsbind*

Etos. *Et Spinozask substansbind*

Askese. *Et Schopenhauersk forestillingsbind*

Magt. *Et Foucaultsk galskabsbind*

Begær. *Et Freudsk neurosebind*

For at lære af oplevelsen må vi huske dens
musik og lytte til dens stemme.

Laing

Oplevelsens stemme, s. 197, 1982

Vride

Mumlende i et truende tonefald, med foruroligende
sindsro og lodrette løgne; skudt helt i grus, i et væv
af bedrag, som en "snebold i helvede", druknes i
kviksand – i vandfaldets *neksifikation*.

I dyster ensomhed, i melankolsk depression, i invalid
lammelse; troværdighedskløften paralyserer et
hypnotisk skyggespil, som en marionet i trance, ad
labyrintiske slyngende stier, i krampers *fantasition*.

Berøringsvanerne skærer, sluger, spytter i ekstatiske
øjeblikke, i en "pose af hud", i privilegerede
undtagelser; udmattet og tom indvendig, fuld af
virkelighed, i en djævelsk dans, på et hvilested.

Det fulde liv tilintetgør og eksisterer som
genopfundet, i benægtelse, i spaltning, i
forskydning; pinlig berørt i afskærende udslettelse, i
forfalskningssystemets perverse og infantile lyster.

At lade som om i et repertoire af adspredelser og
langs forsvarslinjer; at slippe ud af et socialt system,
i afskrækkelsen, degenereret begærlige og
skrøbelige varsler, en *obsessiv involutions-
depression*, når komplekse knuder konvergerer.

Elimineret med beskidte tanker, sluger alt i
vagtsomhed, i anti-tanker, i sindrighedens knuder;
"snor sig i den paradoksale spiral", synker i beskidte
pjalter, i det sociale kosmos, som i *helt indskrænket*.

Verden er allerede blevet udslettet i teorien.

Er det umagen værd at gøre os den ulejlighed i praksis?

Vi og den verden, vi lever i, tonede ud af den videnskabelige teori for flere år siden.

Verden måtte destrueres i teorien, før den kunne ødelægges i praksis.

Laing

Oplevelsens stemme, s. 17 & 24, 1982

Fordybet

Permuterer i strejftog som (i) et brydningsmedium, i
et klyngende svælg, "rundt om struben" – *kig ind i
spejlet og se selv*; anti-psykiatriens *maya*-slør og
elegance, væmmeligt latterlig, smålig bedømmelse.

Skræmmende genspejlinger; helvedesmaskinernes
taktløshed og mikro-sociale spillemaskiner,
hårdknuder, *stødet af smerte*, træt og meta-
sensorisk fremmedgjort – i levende tilstedeværelse.

En bunke støv fordampede dristigt, blev stilfærdigt
fjernet; med en etisk bremse, åndeligt ækelt, det
hjerteløse syn, leflede, undergravede, ignorerede
grotesk kollisionerne glide væk og formørke sindets
opførelsesmønstre.

Med flirtende oplevelsesbånd i et grublende,
bundløst morads af seende maskiner i kontrollens
ceremonier; mentalt skilt ad i identifikations-
paradernes afgrundes psyko-kirurgi, helt forhutlet.

Resonans tværs over afgrunden af forskel, en snedig
"velsignelse i forklædning", tændersgnidslende
grænselinjer i *hypomanisk* tanke-uorden; eksistens-
mentale sfærer og skizofrene hændelser.

Sandheden formørket, glaseret, "kravlet ind under
ens hud", forgabelsens blindgydemuligheder i
heroisk ensomhed, i selvforglemmelsens
anonymitet; i nøgen frygt, i "den unævnelige,
grænseløse, afgrundsdybe rædsel".

I mental krise med (u)sædvanlig, social forsigtighed.

Menneskeheden er blevet gjort fremmed for
sine autentiske muligheder.

Vores fremmedgørelse går helt ned til
rødderne.

Laing

Oplevelsens politik og paradisfuglen, s. 12, 1969

Svinde hen

Oplevelsesmæssige *metamorphoser* "lukker luften
ud af verden" og livsbegivenhedernes forbindelser;
sammenflettet i det dynamiske stof i ét univers –
afgrundsdybe, fumlende hologrammer, intellektuelt
skvalder, kosmiske pulse, biorytmer, helt forbløffet.

Ektopiske affaldskurve og piruetter i nervesystemets
stressede væv, *metanoide* nerveimpulser,
transgressive kontrolpunkter, livstidernes kadaver;
ektosomatiske transportationer, *neurogen* livscyklus
– hjerneløse lokketoner, uforbundet, helt afskåret.

Engle slentrende i intens skælven, hvirvlede og græd
tårer af lettelse i det forrykte sind; et følelsesbånd,
en sondefodringens fodnote, en tilknytnings-
anordning, en underdanig livstid bliver udslettet.

En boblende forstyrrelse i psykisk fare passerer
gennem smalle rum, i længslens trængsler, knust,
kvalt, med hjertebanken; vort uhyggelige liv med
utrolige sammenstød, med "et svagt oceanisk
indtryk" – i en genklang ses dagens lys – i en mager
tilværelse, i resonans, i "den afsindige skælven".

Synke ind, fortryllet i sjæledramaer, i nedsænket
næring med hjertelyde i *et pulserende akustisk
mønster – hult rungende lyde*; klæbrigt livmoder-
åndedræt, forrådnelsens forslidte retræte i snerten
af slim, menneskets krampe, i en rullende lyd.

Selv-spaltningens subtile sølvstrenge i de globale
bølgers vanvid; drænet, flagrer døende, udmattet.

Vi fødes ind i en verden, hvor
fremmedgørelsens venter os.

Vi er potentielle mennesker, men befinder os i
en tilstand af fremmedgørelse.

Og denne tilstand er ikke noget naturgivent.

En fremmedgørelse som den, der for øjeblikket
er vores skæbne, kan kun etableres ved at
mennesker øver brutal vold mod andre
mennesker.

Laing

Oplevelsens politik og paradisfuglen, s, 13, 1969

Tilstopning

En mørk forbrydelse, helt sønderflænget i
sammenklæbet indtrængende sfærer, i recessionens
hvile; i livsopretholdelsessystemernes blindgyder,
helt fordampet – helt iklædt dødens furer.

I prøvelsens friere atmosfære, i pseudo-
begivenhedernes falske bevidsthed, i en løgn – "i
lyset af den landflygtige sandhed"; med et bedrøvet
og besværet hjerte – i alle de bitre nederlag.

Fremmedgørelsens mosaik, krænkende "i den
accelererende forandrings malmstrøm"; *vi krænker
os selv* – prostitueret, fragmentariseret,
kvantificeret – i *en spaltning af vores oplevelse*.

En spiral af systemer, oplevelsescentre, et
indskrumpet, udtørret fragment – ynkeligt
indskrænket i "tåger af mystifikation"; på en knuget
oplevelsesbund af oplevelsesmuligheder.

En særlig psykopatologi, invaderet af *trans-
personale* lyde i stilhed, i det nøgne nærvær; et helt
mirakel, at lytte til stilheden:

*"Sproget kan bruges til at viderebringe det, som det
ikke kan sige – ved sine pauser, ved sin tomhed og
sine vildfarelser, ved ordenes, syntaksens, lydens og
betydningernes gitterværk."* (Laing, s. 30, 1969)

Det, vi kalder 'det normale', er et produkt af
fortrængning, fornægtelse, opspaltning,
projektion, introjektion og andre former for
destruktiv behandling af oplevelsen.

Den 'normalt' fremmedgjorte person anses for
at være sund og tilregnelig, fordi han mere
eller mindre opfører sig som alle andre.

Andre former for fremmedgørelse, som er ude
af trit med den fremherskende tilstand af
fremmedgørelse, bliver af det 'normale' flertal
stemplet som dårlige eller sindssyge.

Den fremmedgjorte tilstand, søvnens,
bevidstløshedens, afsindighedens, er det
normale menneskes tilstand.

Laing

Oplevelsens politik og paradisfuglen, s. 21, 1969

Forsnævret

Et dæmrende håb, en zone, en arabesk, en social-fænomenologi, en koloni-organisme – et *zooid*; et kætteris afskrælning fra "den hellige stol" – vækst-linjernes svælg og trans-individuelle oplevelse.

"Psykoterapien må forblive et stædigt forsøg fra to mennesker på at genvinde det fulde omfang af det at være menneske gennem relationen mellem dem." (Laing, s. 40, 1969)

Oplevelsesudspringets hjertepine og ekstase – *det frygtelige er allerede sket*; plyndret – "uden det indre mister det ydre sin mening, og uden det ydre mister det indre sin substans".

"Som en hel generation af mennesker er vi så fremmedgjorte fra den indre verden, at der er mange, der hævder, at den ikke eksisterer; og selv om den eksisterer, så betyder det ikke noget." (Laing, s. 41, 1969)

At insistere på at være mennesker: *"De virkelige afgørende øjeblikke i psykoterapien er, som enhver patient eller psykoterapeut, der nogensinde har oplevet dem, véd, uforudsigelige, unikke, uforglemmelige, altid uigentagelige, og ofte ubeskrivelige."* (Laing, s. 42, 1969)

Hvert barn er et nyt væsen, en potentiel
profet, en ny åndelig fyrste, et nyt lysglimt, der
kastes ud i det ydre mørke.

Hvem er vi, at vi skal beslutte, at det er
håbløst?

Laing

Oplevelsens politik og paradisfuglen, s, 23, 1969

At støde luften ud

En brutalisering, en fornedrelse, et skyggeland, et
væmmeligt spytslikkeri i sprækkerne; en
pærevælling af knuste hjerter i en helvedesdans, der
kløver og klynger: *"Når det nye menneske er blevet
femten eller deromkring, har vi fået et menneske
magen til os selv. En halvt vanvittig skabning, der er
mere eller mindre tilpasset til en gal verden. Dette er
vore dages normalitet."* (Laing, s. 45, 1969)

Fanget i en vanvittig passivitets helvede, i "en
svimlende spiral i det uendelige", i et uimodståeligt
og uomstødeligt forargelsesnetværk; allesteds-
nærværelse – som negativ samhørighed: *"Kun ved
den mest oprørende voldtægt mod os selv har vi
kunnet opnå vores evne til at leve i relativ tilpasning
til en civilisation, der åbenbart drives mod sin egen
destruktion."* (Laing, s. 57, 1969)

At dø for at bevare vores skygge:

*"Alle de mennesker, der søger at kontrollere
adfærden hos store mængder af andre mennesker,
spiller på menneskers oplevelser. Hvis man først kan
få folk til at opleve en situation på samme måde,
kan man forvente, at de handler på samme måde.
Få folk til alle sammen at ønske det samme, hade
det samme, føle den samme trussel, så er deres
adfærd allerede fangen – og du har opnået dine
forbrugere eller din kanonføde."* (Laing, s. 71-72,
1969)

Ingen handlingsfaktor synes at være mere
effektiv end et andet menneske, når det drejer
sig om at gøre éns egen verden levende for én,
eller med et blik, en gestus eller en
bemærkning at få den virkelighed, man hviler i,
til at visne.

Laing

Oplevelsens politik og paradisfuglen, s, 25, 1969

Blokeret

Vanviddets cirkulære kartotek i den organiske svækkelse, identitetsnedbrydelsen i den sociale begivenhed med den specielle *strategi, som et menneske finder på for at kunne leve i en situation, som det er umuligt at leve i*; skakmat, underst i bunken, kvalt ihjel – uden at nogen lægger mærke til det – helt og aldeles ødelagt.

"Hvis man selv er ude af kurs, så må den, der virkelig vil 'på rette kurs', forlade formationen. ... Social tilpasning til et dårligt fungerende samfund kan være meget farlig. ... Måske er vort samfund selv blevet biologisk dårligt fungerende, og måske har nogle former for skizofren fremmedgørelse fra samfundets fremmedgørelse en sociobiologisk funktion, som vi endnu ikke har indset." (Laing, s. 89, 1969)

Degraderet, faret vild i pseudo-gensidighed, igennem spejlet, et tabt rige, at blive gale med bristede hjerter: *"Hvis menneskeslægten overlever, har jeg en mistanke om, at fremtidens mennesker vil se tilbage på vores oplyste tidsalder som en sand mørkets tidsalder. De vil formodentlig være i stand til at nyde det ironiske i denne situation med større morskab, end vi kan få ud af den. Det er os, der er til grin. De vil forstå, at det vi kalder 'skizofreni' var en af de former, hvorunder lyset, ofte gennem ganske almindelige mennesker, begyndte at bryde igennem sprækkerne i vores alt for lukkede sind."* (Laing, s. 96, 1969)

Vi er bange for at nærme os altings
uudgrundelige og bundløse intethed.

"Der er ingenting at være bange for."

Den sidste trøst.

Og den sidste rædsel.

Laing

Oplevelsens politik og paradisfuglen, s, 29, 1969

Blank

Den oprindelige katastrofe; i det sociale kosmos:

"Hvis vi kan begynde at forstå sundhed og sindssyge eksistentielt og socialt, vil vi bedre være i stand til at gøre os klart, i hvor høj grad vi alle står over for fælles problemer og deler de samme vanskeligheder." (Laing, s. 98, 1969)

Når et menneske bliver vanvittigt; landsforvist fra tilværelsen:

"Galskab behøver ikke udelukkende at være sammenbrud. Det kan også være et gennembrud." (Laing, s. 100, 1969)

Mental sundhed; hungrer i mørkets tidsalder:

"Ud fra vores pseudo-sundheds fremmegjorte udgangspunkt er alting dobbelttydigt. Vores sundhed er ikke nogen 'virkelig' sundhed. Den galskab, som vi møder hos 'patienter' er en grov travesti, et vrængbillede, en grotesk karikatur af det, som kunne have været en naturlig helbredelse af den fremmedgjorte integration, vi kalder sundhed. Virkelig sundhed medfører en opløsning af det normale jeg, det falske selv, som er hensigtsmæssigt tilpasset vores fremmegjorte sociale virkelighed." (Laing, s. 107, 1969)

Genoprettelsen af dit elendige skind; en helt og aldeles psykotisk episode.

Oplevelsen af at være det virkelige medium for
en uafbrudt skabelsesproces fører én ud over
enhver depression eller forfølgelse eller
forfængelig ære, ja hinsides kaos og tomhed,
ind i selve det mysterium, at ikke-væren hele
tiden gør springet ind i væren, og denne
oplevelse kan give anledning til den store
befrielse, man føler, når man fra at være bange
for intetheden når til en forståelse af, at der
intet er at frygte.

Laing

Oplevelsens politik og paradisfuglen, s, 31-32, 1969

Et glimt

*"Der er i virkeligheden ingenting mere at sige, når vi
vender tilbage til den alle begyndelsers begyndelse,
som slet ingenting er.*

*Først når du begynder at miste dette alfa og omega,
får du lyst til at begynde at tale og at skrive, og så er
der ingen ende på det, ord, ord, ord.*

*I bedste og heldigste tilfælde er disse ord in
memoriam, fremmanelser, besværgelser,
trylleformularer, emanationer, regnbuefarvede skær
på den mørke himmel, en finfølelse som måske
endnu er mulig, indiskretioner, som måske er
tilgivelige..."* (Laing, s. 141, 1969)

Som en eksistentiel sindslidelse, nærmest skizoid,
spaltet i eksperimentelle gestalter med en klages
krop, forbundethed og *kataton* adskilthed, i en
veritabel nedgørelsesterminologi; i et adfærdsfelt,
tydes hieroglyffer i den foreliggende levende
helhed.

I et liv uden følelse af liv, med en tryghedstærskel,
der truer med at overvælde, i et tab af identitet,
opslugning, implosion, forstening; mistes selv-
stændigheden i isolation, i en blafrende kollision –
helt og aldeles tom som et vakuum.

I det skrækkelige intets udmarvende strømme, i
suget, invaderet, forstærkes en desperation som en
autonom tilknytning; som en overdosis af
fremadskridende forarmelse, i hysterisk livsførelse.

Ord i et digt, lyde i bevægelse, rytme i rummet
er forsøg på at generobre en personlig
betydning i en personlig tid og et personligt
rum fra en afpersonaliseret, umenneskeliggjort
verdens syn og lyde.

De er brohoveder ind i fremmed territorium.

De er oprørshandlinger.

De udspringer af Stilheden inderst i os alle.

Hvorsomhelst og hvornårsomhelst en sådan
hvirvel af ordnet lyd eller rum tilvejebringes i
den ydre verden, danner den kraft, den
indeholder, nye kraftlinjer, hvis virkninger
mærkes i århundreder.

Laing

Oplevelsens politik og paradisfuglen, s, 32-33, 1969

At fumle

Tryg i sin egen væren; selvets livs-position,
omtumlet, gennemtævet i knusende selv-
fordømmelse, et fingerpeg om skizoid organisering, i
stumper, kaotisk ikke-eksistens og invasion, helt og
aldeles plasticitet.

Fremmedgørelse af sansningens døre og
handlingens porte; ydmygelsens kvaler:

*"Individet er bange for verden, bange for at ethvert
sammenstød vil være totalt og implosivt,
gennemtrængende, fragmenterende og opslugende.
Han er bange for at slippe noget af sig selv, for at
komme ud af sig selv, for at miste sig selv i en
hvilken som helst oplevelse, osv., fordi han frygter at
blive reduceret, udtømt, udmarvet, udplyndret og
udtørret."* (Laing, Det spaltede selv, s. 91, 2001)

På flugt fra det virkeliges form af nærvær,
sansningernes uudtømmelighed, tom, spinkel og
flygtiggjort, ensom, dømt og umærkelig fri; stivner,
afskyr forbipasserendes forgodtbefindende, evigt
uforpligtet i en indre fornægtelse, med efterladte
fodspor, pinefuld fordobling, sterilitet, nedbrydning.

Udviklingslinjen; at tage del i livet gennem sin angst,
den levende skrøbelighed, den struttende
forarmelse, i udtømt længsel og misundelse, i
radikal isolation; "at møde denne skønhed og lade
den være" – klynger rædselsfuldt til overflodens
forening og tomhed.

At stjæle og styrte sammen i almagt og afmagt, i en
malstrøm af *hypomanisk* maskerade, falske facader
og mekaniske undvigeteknikker; "hvordan man kan
lade som om, man ikke er 'i' det, man gør" – i den
skødesløse ligegyldighed, på skrømt.

En neurotisk fremmed vilje, føjelig og aldrig til
besvær; "man bliver, hvad den anden ønsker" – "når
man optræder foran spejlet" – i brudlinjens
sammenvævede tråde, i frygtens parodi, et
ildevarslende, perfekt mønsterbarn.

En karikatur med en vis særhed, en
latterliggørelsens vrængbillede med knugende
hjælpeløshed, i lutter afsky; med fremmede
adfærdsstumper og handlingsfragmenter tømmes,
flås og rives huden (af).

I en stirrende selvransagelse, som gennemborende
og gennemtrængeligt spejlglas og latterlig blindhed,
i tåbens magiske angst, i en indre dødhed, i det
onde øjes kamuflage; utilgængelige udsving, intet
fredeligt helle, en helt og aldeles levende død.

Et spidsfindigt øjebliks genkendelse; spejlspillets
facade og panik dulmes – "på randen af væren" –
afskæringen, *værens tavse kalden på sig selv*, hvor
"midtpunktet vakler" (Yeats), at tabe al vital kontakt
med verden, "alt bliver overstrømmet af intethed".

Et magisk fantom gør indhug, i en bundløs brønd, i
et gabende svælg, de levende følelser skræmmer
lidt liv i sig, i bundløsheden; i nervernes livsstof.

"Fornægtelsen af væren som et middel til at bevare
væren", kløvet, i røgslør, knust og lemlæstet,
inkognito, usårlig; "prøv ikke at komme for nær for
tidligt", i hykleriet – i en ægte for(st)enet tilstand.

Et fjendebesat territorium, et forsvindingspunkt, "et
'jeg', der ikke kan finde et 'mig', *jeg mangler et
ledsagende 'mig'*; en psykoses fænomenologi, helt
og aldeles vrangviljens plukfisk.

Katastrofal kaotisk; *der er nu kun et tomrum*, med
molære og molekylære spaltninger:

*"Den hysteriske patients spaltede personlighed er en
molær spaltning. Skizofreni består af molekylær
spaltning."* (Laing, Det spaltede selv, s. 228, 2001)

Kryptisk.

For et menneske, der er fremmedgjort fra sit
udspring, ser det ud som om, skabelse opstår
af fortvivlelse og ender i nederlag.

Men et sådant menneske har ikke vandret
vejen derhen, hvor tiden ophører, rummet
ophører, mørket ophører, og lyset ophører.

Han ved ikke, at dér hvor alt sammen ophører,
dér begynder det alt sammen.

Laing

Oplevelsens politik og paradisfuglen, s, 33, 1969